Impressum
Verlag: BABADADA GmbH, Nedderfeld 112 , 22529 Hamburg
Geschäftsführer / Verlagsleitung: Harald Hof
Druck: Books on Demand GmbH, In de Tarpen 42, 22848 Norderstedt

Imprint
Publisher: BABADADA GmbH, Nedderfeld 112 , 22529 Hamburg, Germany
Managing Director / Publishing direction: Harald Hof
Print: Books on Demand GmbH, In de Tarpen 42, 22848 Norderstedt, Germany

școală

ትምህርት ቤት

sală de clasă
መማሪያ ክፍል
a împărți
ማካፈል
186/2
tablă
ሰሌዳ
curte a școlii
የትምህርት ቤት ቅጥር ግቢ
profesor
መምህር
hârtie
ወረቀት
a scrie
መፃፍ
instrument de scris
እስክሪብቶ
ă de birou
ጠረጴዛ
riglă
ማስመሪያ
carte
መጽሐፍ
elev
ተማሪ

ghiozdan

የጀርባ ቦርሳ

penar

የእርሳስ መያዣ

creion

እርሳስ

ascuțitoare

የእርሳስ መቅረጫ

radieră

ላጲስ

bloc de desen

የስዕል ደብተር

desen

ስዕል

pensulă

የቀለም ብሩሽ

cutie de acuarele

የቀለም ሳጥን

foarfece

መቀስ

lipici

ማጣበቂያ

caiet de exerciţii

መልመጃ ደብተር

temă

የቤት ስራ

număr

ቁጥር

a aduna

መደመር

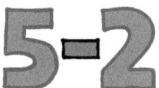

a scădea

መቀነስ

a multiplica

ማባዛት

a calcula

ቁጥሮችን ማስላት

literă

ደብዳቤ

alfabet

ፊደላት

cuvânt

ቃል

text

....

ፅሑፍ

a citi

....

ማንበብ

cretă

....

ጠመኔ

oră

....

ትምህርት

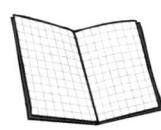

catalog

....

ምዝገባ

examen

....

ፈተና

certificat

....

ሰርተፊኬት

uniformă școlară

....

የትምህርት ቤት የደንብ ልብስ

educație

....

ትምህርት

enciclopedie

....

አዉደ ጥበብ

universitate

....

ዩኒቨርስቲ

microscop

....

የምርምር አጉሊ መሳርያ

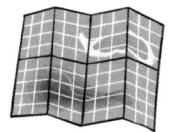

hartă

....

ካርታ

coș de gunoi

....

የቆሻሻ ወረቀት መጣያ ቅርጫት

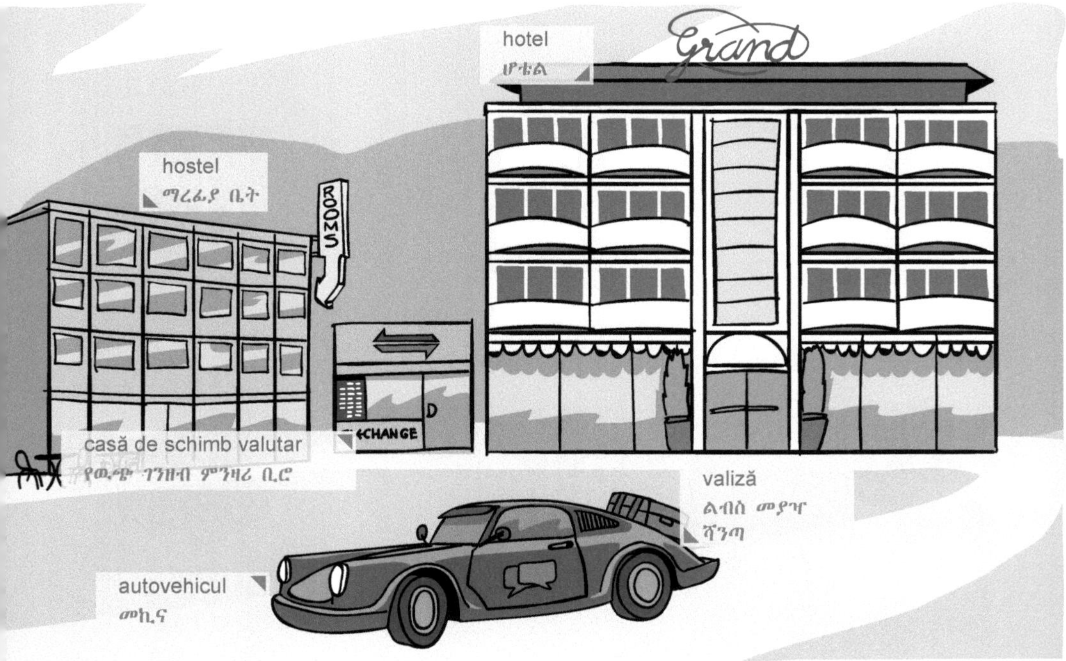

hotel
ሆቴል
Grand
hostel
ማረፊያ ቤት
ROOMS
casă de schimb valutar
የውጭ ገንዘብ ምንዛሪ ቢሮ
EXCHANGE
valiză
ልብስ መያዣ
ሻንጣ
autovehicul
መኪና

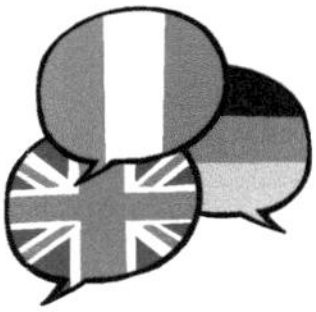

limbă

ቋንቋ

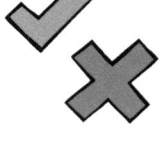

da/nu

አዎ/ አይደለም

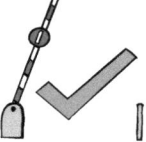

okay

እሺ

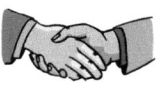

Bună!

ሰላም

interpret

አስተርጓሚ

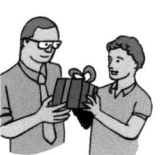

mulțumesc

አመሰግናለሁ

Cât costă...?

ስንት ነዉ.......?

Nu înțeleg

አልገባኝም

problemă

እክል

Bună seara!

እንደምን አመሹ!

Bună dimineața!

እንደምን አደሩ!

Noapte bună!

መልካም ምሽት!

la revedere

ደህና ይሰንብቱ

direcție

አቅጣጫ

bagaj

ሻንጣ

geantă

ቦርሳ

rucsac

የጀርባ ቦርሳ

oaspete

እንግዳ

cameră

ክፍል

sac de dormit

የመተኛ ቦርሳ

cort

ድንኳን

punct de informare turistică

....

የጎብኚዎች መረጃ

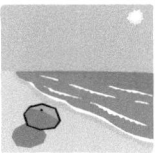

plajă

....

የባህር ዳርቻ

carte de credit

....

ክሬዲት ካርድ

mic dejun

....

ቁርስ

masa de prânz

....

ምሳ

cină

....

እራት

bilet de călătorie

....

ቲኬት

lift

....

አሳንሰር

timbru poștal

....

ማህተም

graniță

....

ድንበር

vamă

....

ባህሎች

ambasadă

....

ኤምባሲ

viză

....

ቪዛ/የይለፍ ወረቀት

pașaport

....

ፓስፖርት

transport

መጓጓዣ

vas
መርከብ
avion
አዉሮፕላን
mașină de pompieri
የእሳት አደጋ መኪና
camion
የጭነት መኪና
autobuz
አዉቶቡስ
șalupă
የሞተር ጀልባ
bicicletă
ብስክሌት
autovehicul
መኪና

feribot

የማመላለሻ ጀልባ

barcă

ጀልባ

motocicletă

የሞተር ብስክሌት

mașină de poliție

የፖሊስ መኪና

mașină de curse

የዉድድር መኪና

mașină închiriată

የኪራይ መኪና

car sharing

የመኪና መጋራት

mașină de tractat

ጎታች መኪና

mașină de gunoi

የቆሻሻ ጭነት መኪና

motor

ሞተር

combustibil

ነዳጅ

benzinărie

የቤንዚን ማደያ

semn de circulație

የመንገድ ምልክት

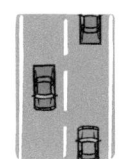

trafic

የመኪኖች እንቅስቃሴ

ambuteiaj

የመኪና መጨናነቅ

parcare

የመኪና ማቆሚያ

gară

የባቡር ጣቢያ

șine

የባቡር ሀዲዶች

tren

ባቡር

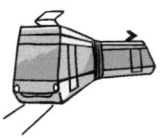

tramvai

የኤሌክትሪክ ባቡር

vagon

ሰረገላ

elicopter

ሄሊኮፕተር

aeroport

አየር ማረፊያ

turn

ማማ

pasager

መንገደኛ

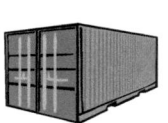

container

ማስቀመጫ፤ ማጠራቀሚያ

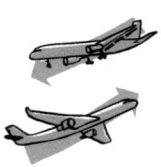

carton

ካርቶን እቃ ማሸጊያ

căruță

ጋሪ፤ ተሳቢ.

coș

ቅርጫት

a decola/a ateriza

መነሳት/ ማረፍ

oraș

ከተማ

sat

መንደር

centru

የከተማ ማዕከል

casă

ቤት

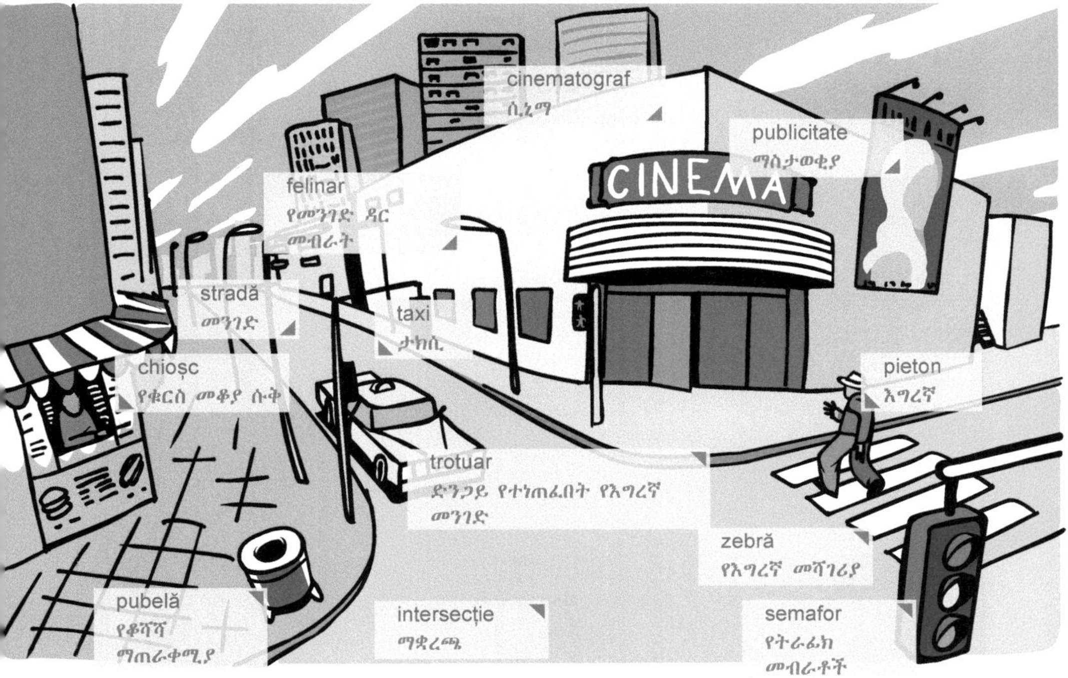

cinematograf
ሲኒማ
CINEMA
publicitate
ማስታወቂያ
felinar
የመንገድ ዳር መብራት
stradă
መንገድ
taxi
ታክሲ
chioșc
የቁርስ መቆያ ሱቅ
pieton
እግረኛ
trotuar
ድንጋይ የተነጠፈበት የእግረኛ መንገድ
zebră
የእግረኛ መሻገሪያ
pubelă
የቆሻሻ ማጠራቀሚያ
intersecție
ማቋረጫ
semafor
የትራፊክ መብራቶች

cabană

ጎጆ

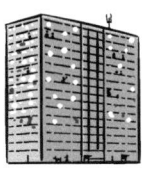

apartament

አፓርታማ

gară

የባቡር ጣቢያ

primărie

የከተማ አዳራሽ

muzeu

ቤተ መዘክር

școală

ትምህርት ቤት

universitate

ዩኒቨርስቲ

bancă

ባንክ

spital

ሆስፒታል

hotel

ሆቴል

farmacie

መድሐኒት ቤት

birou

ቢሮ

librărie

መፅሐፍ መሸጫ

magazin

ሱቅ

florărie

የአበባ መሸጫ

supermarket

የሸቀጣ ሸቀጥ መደብር

piață

ገበያ ስፍራ

magazin universal

መደብር

comerciant de pește

የዓሳ ነጋዴ

centru comercial

የገበያ ማዕከል

port

ወደብ

parc

መናፈሻ ቦታ

bancă

አግዳሚ ወንበር

pod

ድልድይ

trepte

ደረጃዎች

metrou

ዉስጥ ለዉስጥ

tunel

ዋሻ

stație de autobuz

የአዉቶቡስ ፌርማታ

bar

ባር

restaurant

ምግብ ቤት

cutie poștală

የፖስታ ሳጥን

tăbliță indicatoare cu
numele străzii

የመንገድ ምልክት

parcometru

የመኪና ማቆሚያ ሒሳብ የሚያሰላ
ማሽን

grădină zoologică

የደር እንስሳት ማቆያ

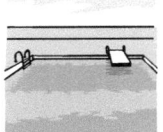

piscină

የመዋኛ ገንዳ

moschee

መስጊድ

gospodărie țărănească
እርሻ

poluare
የሚበክል ነገር

cimitir
መቃብር ስፍራ

biserică
ቤተ ክርስቲያን

loc de joacă
መጫወቻ ሜዳ

templu
ቤተ መቅደስ

peisaj
መልክዓምድር

frunză
ቅጠል
indicator
የመንገድ ላይ ምልክት
drum
መንገድ
pajiște
አረንጓዴ መስክ
piatră
ድንጋይ
copac
ዛፍ
drumeț
በእግሩ የሚጓዝ
râu
ወንዝ
iarbă
ሳር
floare
አበባ

vale

ሸለቆ

deal

ኮረብታ

lac

ሀይቅ

pădure

ጫካ

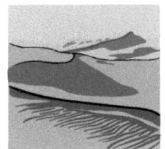

deșert

በረሃ

vulcan

እሳተ ገሞራ

castel

ግምብ

curcubeu

ቀስተ ዳመና

ciupercă

እንጉዳይ

palmier

የቴምብር ዛፍ/ ዘንባባ

țânțar

ቢንቢ/ የወባ ትንኝ

muscă

በራሪ

furnică

ጉንዳን

albină

ንብ

păianjen

ሸረሪት

gândac
....
ጢንዚዛ

broască
....
እንቁራሪት

veveriță
....
ሽኮኮ

arici
....
ጃርት

iepure
....
ጥንቸል

bufniță
....
ጉጉት ወፍ

pasăre
....
ወፍ

lebădă
....
የዉሃ ዳክዬ

porc mistreț
....
ከርከሮ

cerb
....
አጋዘን

elan
....
አጋዘን

dig
....
ግድብ

turbină eoliană
....
በነፋስ የሚሽከረከር

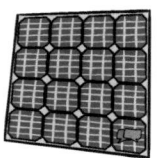

panou solar
....
የፀሀይ ፓኔሎ

climă
....
አየር ንብረት

restaurant
ምግብ ቤት

chelnăr
አስተናጋጅ
meniu
scaun
ወንበር
supă
ሾርባ
pizza
ፒዛ
tacâmuri
መክተፊያ
față de masă
የጠረጴዛ ጨርቅ

antreu

የምግብ ፍላጎትን የሚከፍት ምግብ

fel principal

ዋና ምግብ

desert

ማጣጣሚያ ተከታይ ምግብ

băuturi

መጠጦች

mâncare

ምግብ

sticlă

ጠርሙስ

fastfood

....

ጣን ምግብ

streetfood

....

የመንገድ ምግብ

ceainic

....

የሻይ ማንቆርቆሪያ

zaharniță

....

የስኳር እቃ

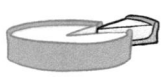

porție

....

ድርሻ

espressor

....

የቡና ማፊያ ማሽን

scaun înalt (pentru copii)

....

ባለጌ ወንበር

factură

....

የክፍያ ደረሰኝ

tavă

....

ትሪ

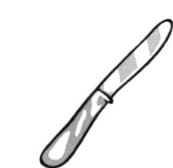

cuțit

....

ቢላዋ

furculiță

....

ሹካ

lingură

....

ማንኪያ

linguriță

....

የሻይ ማንኪያ

șervețel

....

ልብስ ምግብ እንዳይነካ የሚረዳ ጨርቅ

pahar

....

ብርጭቆ

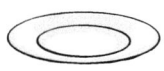

farfurie

ዝርግ ሰሀን

farfurie de supă

የሾርባ ጎድጓዳ ሰሀን

farfurie

የስኒ ማስቀመጫ

sos

ማጣፈጫ ስጎ

solniță

የጨው እቃ

râșniță de piper

የተፈጨ ቃሪያ

oțet

ኮምጣጤ

ulei

የምግብ ዘይት

condimente

ቀመማ ቅመሞች

ketchup

የቲማቲም ድልህ

muștar

ሰናፍጭ

maioneză

ማዮኒዝ

supermarket
የሸቀጣ ሸቀጥ መደብር

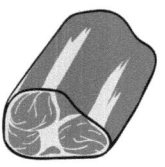

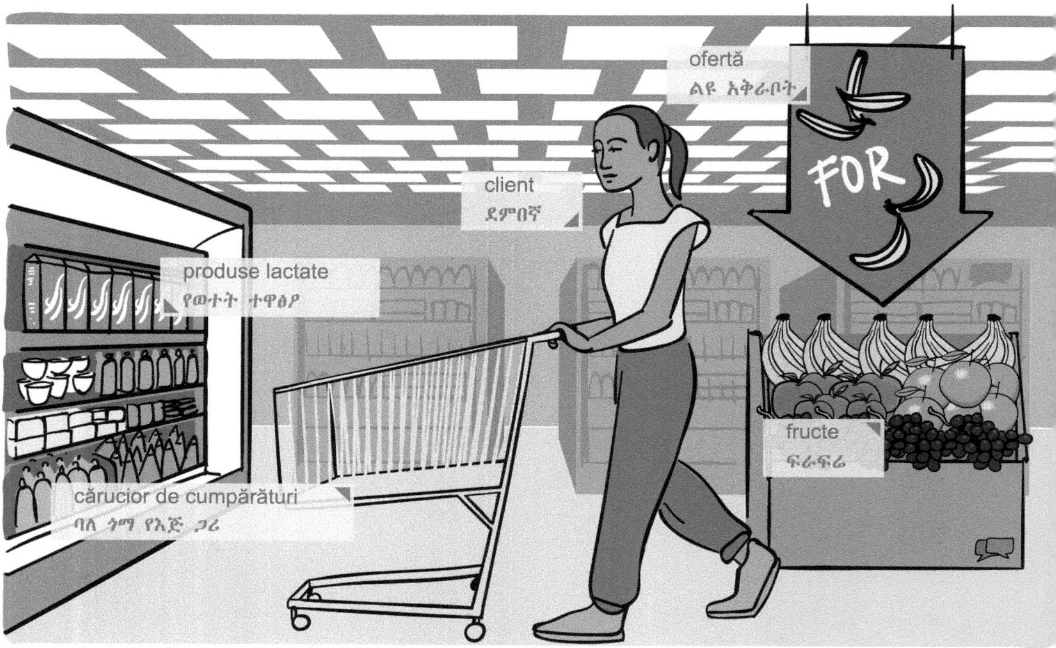

ofertă
ልዩ አቅራቦት
client
ደምበኛ
produse lactate
የወተት ተዋፅዖ
fructe
ፍራፍሬ
cărucior de cumpărături
ባለ ጎማ የእጅ ጋሪ

măcelărie

ሉካንዳ ነጋዴ

brutărie

መጋገርያ

a cântări

ክብደት መመዘን

legume

ቅጠላ ቅጠል አትክልት

carne

ስጋ

alimente refrigerate

የቀዘቀዘ/የረጋ ምግብ

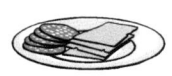

nezeluri și brânzeturi feliate

ቀዝቃዛ ቁራጭ

conserve

የታሸገ ምግብ

detergent

የማጠቢያ ዱቄት

dulciuri

ጣፋጮች

articole de menaj

የቤት ዉስጥ ዉጤቶች

produse de curățenie

የፅዳት ምርቶች

vânzătoare

የሽያጭ ባለሙያ

casă

የገንዘብ መመዝቢያ ማሽን

casier

የሒሳብ ሰራተኛ

listă de cumpărături

የግዢ ዝርዝር

orar

ክፍት ሰዓታት

portmoneu

የኪስ ቦርሳ

carte de credit

ክሬዲት ካርድ

geantă

ቦርሳ

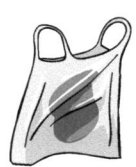

pungă de plastic

የፕላስቲክ ቦርሳ

băuturi
መጠጦች

apă

ውሃ

suc

ጭማቂ

lapte

ወተት

cola

ኮካ-ኮላ

vin

ወይን

bere

ቢራ

alcool

አልኮል

cacao

ኮካ

ceai

ሻይ

cafea

ቡና

espresso

የተፈላ ቡና

cappucino

ካፕቺኖ

banane

ሙዝ

măr

ፖም

portocală

ብርቱካን

pepene

ሀብሀብ

lămâie

ሎሚ

morcov

ካሮት

usturoi

ነጭ ሽንኩርት

bambus

ሸምበቆ

ceapă

ቀይ ሽንኩርት

ciupercă

እንጉዳይ

nuci

ለዉዝ

paste făinoase

የህፃናት ምግብ

spagheti

ፓስታ

orez

ሩዝ

salată

ሰላጣ

cartofi prăjiți

የድንች ጥብስ

cartofi țărănești

ድንች ጥብስ

pizza

ፒዛ

hamburger

ዳቦ ዉስጥ በስሱ ተጠብሶ የገባ ስጋ

sandwich

ሳንድዊች

șnițel

ጥሬ ስጋ

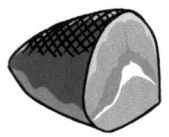

șuncă

የአሳማ ስጋ

salam

በቅመምና በጨዉ የታሸ ምግብ ቀዝቅዞ የሚበላ ሾርባ ምግብ

cârnați

ቋሊማ

pui

ዶሮ

friptură

ጥብስ

pește

አሳ

fulgi de ovăz

የአጃ ገንፎ

musli

ከወተት ጋር ተደባልቀዉ የሚበሉ ምግቦች

cereale

የበቆሎ ቅርፊት

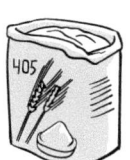

făină

ዱቄት

corn

ኩራሳ

chifle

ድብልብል ዳቦ

pâine

ዳቦ

pâine prăjită

መጥበስ

biscuiți

ብስኩት

unt

ቅቤ

brânză de vaci

እርጎ

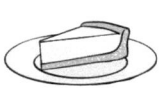

prăjitură

ኬክ

ou

እንቁላል

ouă ochiuri

እንቁላል ጥብስ

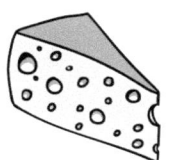

brânză

አይብ

îngheţată

የበረዶ ክሬም

zahăr

ስኳር

miere

ማር

marmeladă

ማርማላት

cremă nuga

የተናጠ የወተት ክሬም

curry

ማጣፈጫ

casă țărănească
የገበሬ ቤት
șură
የእህልና የከብት ማቀመጫ ቤት
balot de paie
የጭድ ክምር
câmp
ሜዳ
cal
ፈረስ
remorcă
ተሳቢ መኪና
tractor
የእርሻ መኪና
mânz
የፈረስ ዉርንጭላ
măgar
አህያ
oaie
በግ
miel
የበግ ጠቦት

capră
ፍየል

vacă
ላም

vițel
ጥጃ

porc
አሳማ

purcel
ግልገል አሳማ

taur
ኮርማ

găină

ዝይ

rață

ዳክዬ

pui

የዶሮ ጫጩት

găină

ዶር

cocoș

አዉራ ዶሮ

șobolan

አይጥ

pisică

ደድመት

șoarece

አይጥ

bou

በሬ

câine

ዉሻ

cușcă

የዉሻ ቤት

furtun de grădină

የአትክልት ቦታ

stropitoare

ዉሃ ማጠጫ ባልዲ

coasă

ረጅም ማጭድ

plug

ማረሻ

secеră

ማጭድ

sapă

መኮትኮቻ

furcă

የእህል መንሽ

secure

መጥረቢያ

roabă

ኩርኩር/ የእጅ ጋሪ

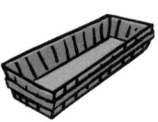

troacă

ገንዳ

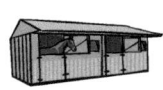

cană pentru lapte

የወተት ዕቃ

sac

ጆንያ ከረጢት

gard

አጥር

grajd

የፈረስ ጋጣ

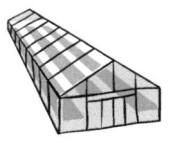

seră

ዕፅዋት ማሳደጊያ የመስታዉት
ቤት

sol

አፈር

sămânță

ዘር

fertilizator

የመሬት ማዳበሪያ

combină de treierat

ጥምር ማረሻ

a culege

አዝመራ መሰብሰብ

recoltă

አዝመራ

cartof yam

ድንች

grâu

ስንዴ

soia

ሶያ

cartof

ድንች

porumb

በቆሎ

rapiță

የከብት መኖ

pom fructifer

የፍሬ ዛፍ

manioc

የካሳቫ ዛፍ

cereale

እህል

casă

ቤት

horn
የጪስ ማውጫ
acoperiș
ጣራ
scoc
geam
መስኮት
garaj
ጋራዥ
sonerie
የበር ደወል
ușă
በር
coș de gunoi
የቆሻሻ ማጠራቀሚያ
cutie poștală
ፖስታ ሳጥን
grădină
የአትክልት ቦታ

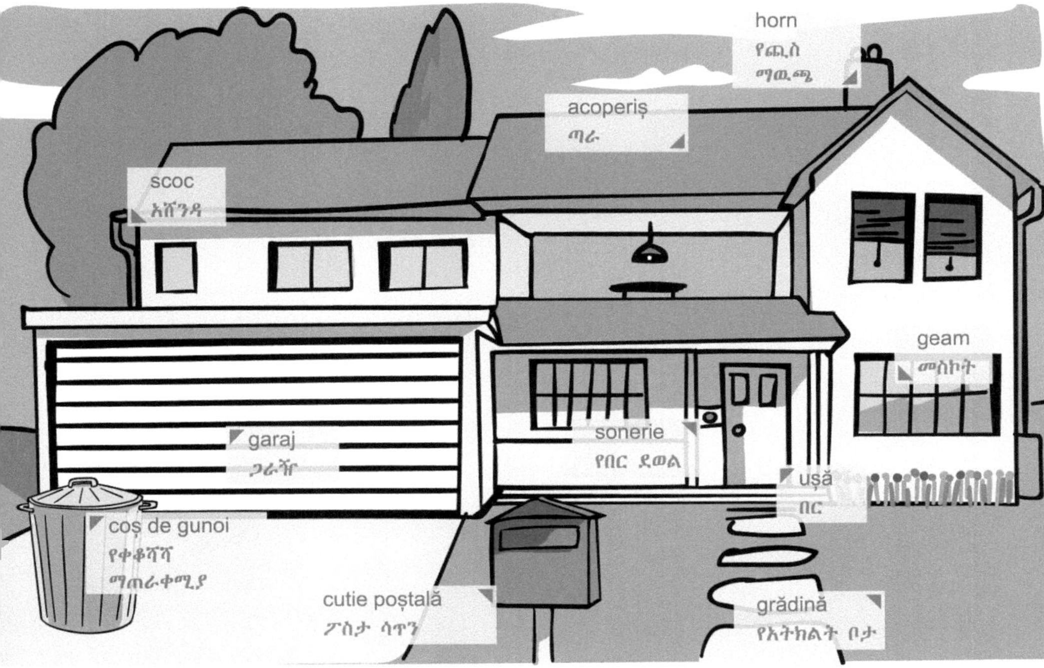

camera de zi

ሳሎን

baie

መታጠቢያ ቤት

bucătărie

ማድቤት

dormitor

መኝታ ቤት

camera copiilor

የልጅ ክፍል

sufragerie

መመገቢያ ክፍል

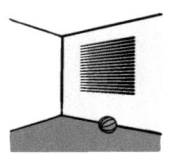

podea

ወለል

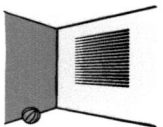

perete

ግድግዳ

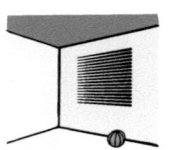

tavan

ጣሪያ

pivniță

ምድር ቤት

saună

በእንፋሎት ሙቀት መታጠቢያ
ቤት

balcon

ሰገነት

terasă

ከፍ ያለ መደብ

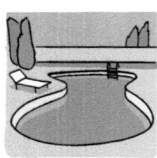

piscină

የመዋኛ ገንዳ

mașină de tuns iarba

የማጨጃ መኪና

cearșaf

አንሶላ

cuvertură

የአልጋ ልብስ

pat

አልጋ

mătură

መጥረጊያ

găleată

ባልዲ

întrerupător

ማብሪያና ማጥፊያ

cameră de zi

ሳሎን

tapet
የግድግዳ ወረቀት
pictură
ፎቶ
lampă
መብራት
raft
መደርደሪያ
dulap
ቁም ሳጥን፣ ካቢኔ
televizor
șemineu
የእሳት መሞቂያ
floare
አበባ
pernă
ትራስ
sofa
ሶፋ
vază
የአበባ ማስቀመጫ
telecomandă
ሪሞት ኮንትሮል

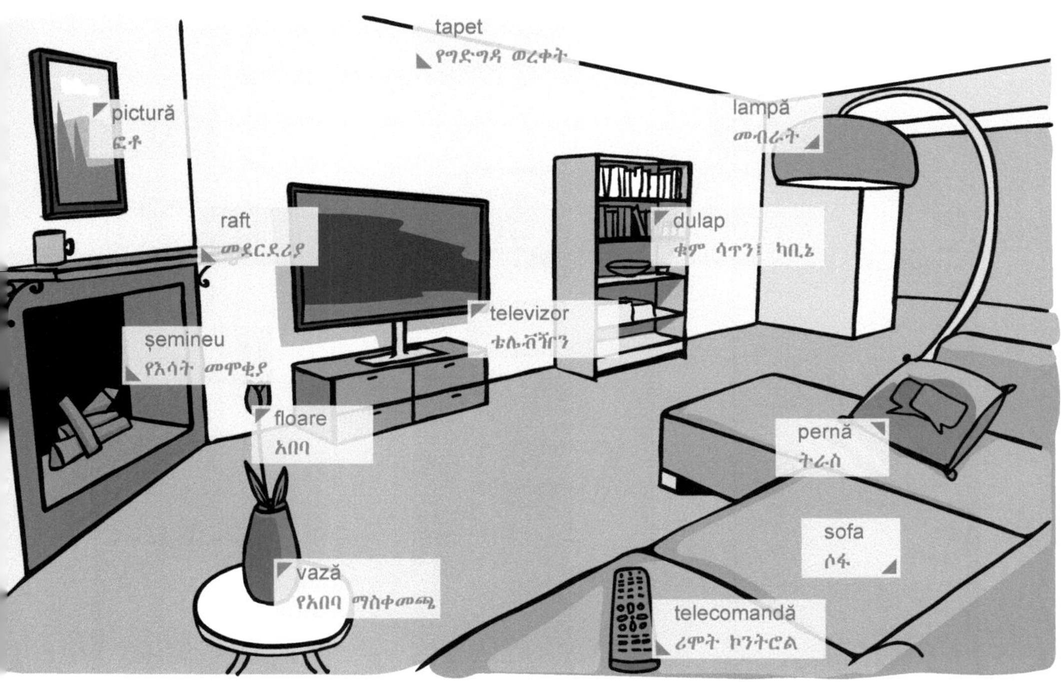

covor

ንጣፍ

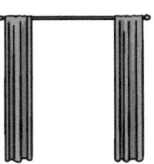

perdea

መጋረጃ

masă

ጠረጴዛ

scaun

ወንበር

balansoar

ተወዛዋዥ ወንበር

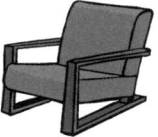

fotoliu

ባለመደገፊያ ወንበር

carte

መጽሐፍ

pătură

ብርድ ልብስ

decoraţiune

ጌጥ

lemn de foc

ማገዶ

film

ፊልም

instalație stereo

የሙዚቃ መማጫወቻ

cheie

ቁልፍ

ziar

ጋዜጣ

desen

ስዕል

poster

የተለጠፈ ማስታወቂያ እንደ ስዕል

radio

ራዲዮ

caiet de notițe

ማስታወሻ ደብተር

aspirator

የአየር ማፅጃ ለምንጣፍ

cactus

ቁልቋል

lumânare

ሻማ

bucătărie

ማድቤት

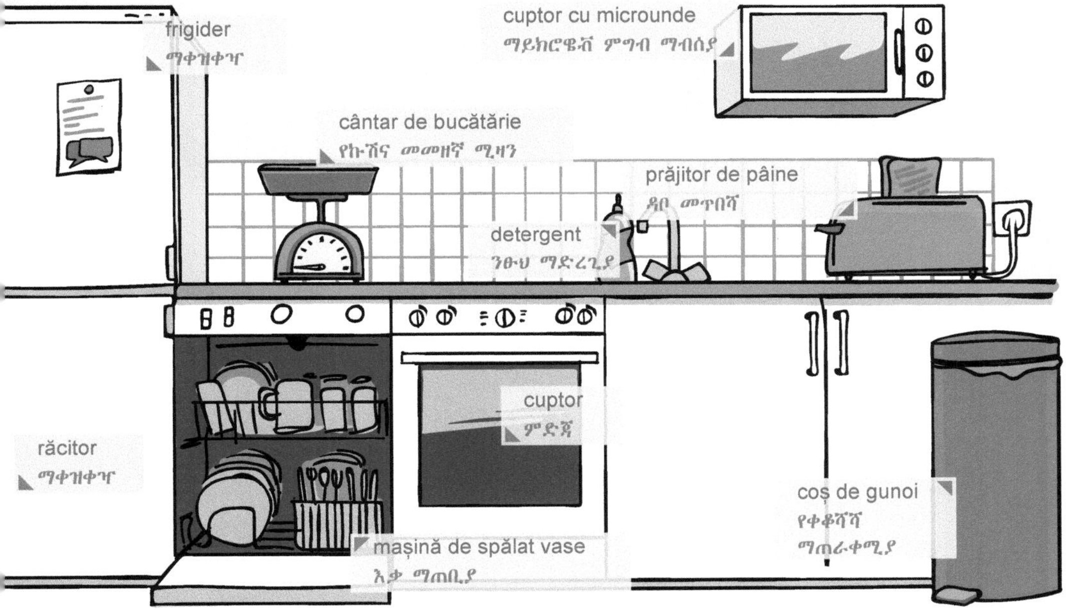
frigider
ማቀዝቀዣ
cuptor cu microunde
ማይክሮዌቭ ምግብ ማብሰያ
cântar de bucătărie
የኩሽና መመዘኛ ሚዛን
prăjitor de pâine
ዳቦ መጥበሻ
detergent
ንፁህ ማድረጊያ
cuptor
ምድጃ
răcitor
ማቀዝቀዣ
coș de gunoi
የቆሻሻ
ማጠራቀሚያ
mașină de spălat vase
እቃ ማጠቢያ

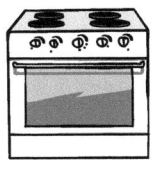

cuptor

ምግብ አብሳይ

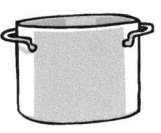

oală

ማሰሮ

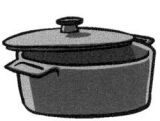

oală de metal

የብረት ማሰሮ

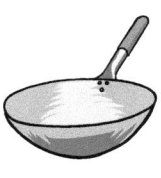

wok/kadai

ምግብ ማብሰያ ዝርግ ድስት

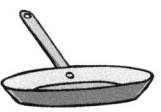

tigaie

የምግብ መጥበሻ

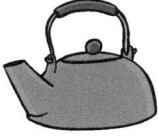

ceainic

ማንቆርቆሪያ

oală de gătit cu aburi

የእንፋሎት ማብሰያ

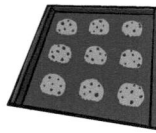

tavă de copt

የመጋገሪያ ትሪ

veselă

ሰብስቦች

pahar

ትልቅ ኩባያ

bol

ጎድጓዳ ሳህን

bețișoare

ቾፕስቲክስ

polonic

ጭልፋ

spatulă

መሰቅሰቂያ ዝርግ ማንኪያ

tel

ማደባለቂያ

sită

መወጠሪያ

sită

ወንፊት

răzătoare

መፈርፈሪያ መሳሪያ

mojar

ሲሚንቶ

grătar

የፍም ጥብስ

loc pentru grătar

የተለቀቀ እሳት

tocător

መክተፊያ

sucitor

ተንሸራታች መርፌ

tirbușon

የጠርሙስ መክፈቻ

conservă

ጣሳ

deschizător de conserve

የጣሳ መክፈቻ

șervete termice

የማሰሮ መሸፈኛ

chiuvetă

ሳህን ማጠቢያ

perie

ብሩሽ

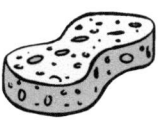

burete

ስፖንጅ

mixer

መደባለቂያ መሳሪያ

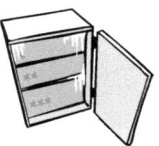

ladă frigorifică

በጣም ማቀዝቀዣ

biberon

ጡጦ

robinet

ቧንቧ

baie

መታጠቢያ ቤት

încălzire
ማሞቂያ
duș
መታጠቢያ
prosop
ፎጣ
perdea de duș
የመታጠቢያ ቤት መጋረጃ
baie cu spumă
የአረፋ መታጠቢያ
cadă
የመታጠቢያ ገንዳ
pahar
ብርጭቆ
mașină de spălat
የልብስ ማጠቢያ
robinet
ቧንቧ
gresie
ማዕዘን ወለል
oală de noapte
ፖፖ
chiuvetă
ሳህን ማጠቢያ

toaletă
ሽንት ቤት

toaletă turcescă
የሽንት ቤት መቀመጫ

bideu
ሳፋ

pisoir
የመንገድ ዳር መሽኛ

hârtie igienică
የሽንት ቤት ወረቀት

perie de toaletă
የሽንት ቤት ማፅጃ ብሩሽ

38 baie - መታጠቢያ ቤት

periuță de dinți

የጥርስ ብሩሽ

pastă de dinți

የጥርስ ሳሙና

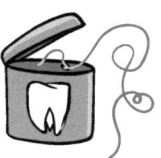

ață dentară

የጥርስ ማፅጃ ክር

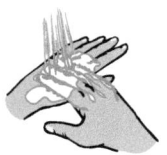

a spăla

መታጠብ

cap de duș

የእጅ መታጠቢያ

duș intim

መታጠቢያ

lavoar

ጎድጓዳ ሳህን

perie pentru spate

የጀርባ ብሩሽ

săpun

ሳሙና

gel de duș

የመታጠቢያ የሚዝለገለግ ሳሙና

șampon

የፀጉር መታጠቢያ ሳሙና

cârpă de spălat

ለስላሳ ጨርቅ

scurgere

ፍሳሽ

cremă

ክሬም

deodorant

ጠረን መቀየሪያ ንጥረ ነገር

oglindă

መስታወት

oglindă cosmetică

የእጅ መስታወት

aparat de ras

ምላጭ

spumă de ras

የመላጫ አረፋ

aftershave

ከመላጨት በኋላ የሚቀባ ሽቱ

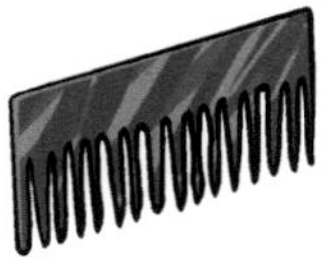

pieptene

ማበጠሪያ

perie

ብሩሽ

uscător de păr

የፀጉር ማድረቂያ

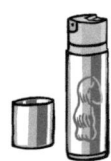

fixator

በፀጉር ላይ የሚነፋ

machiaj

የፊት መቀባቢያ

ruj

የከንፈር ቀለም

lac de unghii

የጥፍር ቀለም

vată

የጥጥ ሱፍ

foarfece de unghii

ጥፍር መቁረጫ

parfum

ሽቶ

neseser

ማጠቢያ ባልዲ

taburet

መቀመጫ

cântar

ሚዛን

halat de baie

የመታጠቢያ ልብስ

mănuși de cauciuc

የላስቲክ ጓንት

tampon

ሞዴስ

tampon

የፅዳት ፎጣ

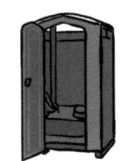

toaletă chimică

የሽንት ቤት ኬሚካል

camera copiilor

የልጅ ክፍል

ceas deșteptător
የማንቂያ ደዉል ሰዐት
jucărie de pluș
የህፃን አሻንጉሊት
mașină de jucărie
የመጫወቻ መኪና
morișcă
መጫወቻ
casă de păpuși
የአሻንጉሊት ቤት
cadou
ስጦታ

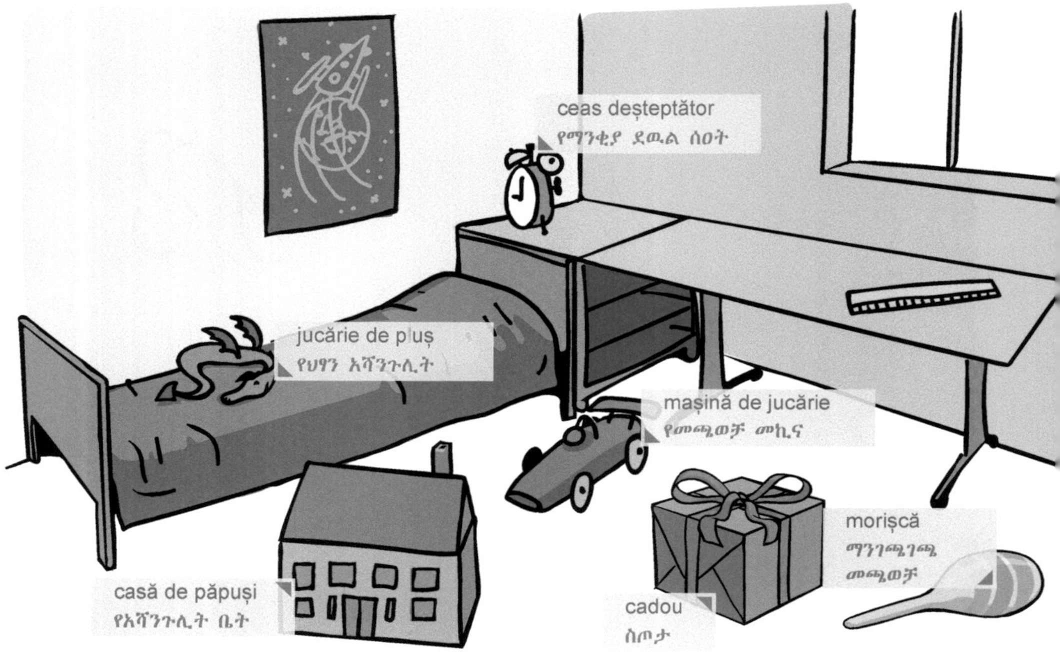

balon

ፊኛ

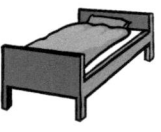

pat

አልጋ

cărucior de copii

የህፃን ማንሸራሸሪያ ጋሪ

joc de cărți

የካርታ መጫወቻ

puzzle

ቁርጥራጭ ምስሎችን የማገጣጠም
እና ምስል የማግኘት ጨዋታ

revistă de benzi desenate

አዝናኝ

cuburi lego

ተገጣጣሚ መጫወቻ

piese pentru construcţii

የመጫወቻ መገጣጠሚያዎች

personaj din filmele de acţiune

የድርጊት ምስል

body

የህፃን እድገት

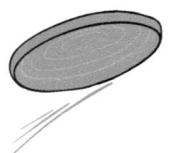

frisbee

የፕላስቲክ መጫወቻ ዝርግ ሰሀን

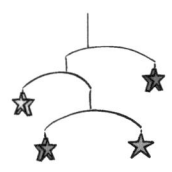

mobil

ተወዛዋዥ የህፃን ማጫወቻ

joc de societate

የሰሌዳ ጨዋታ

zar

የመጫወቻ ጠጠር

set trenuleţ de jucărie

የመጫወቻ ባቡር

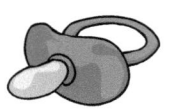

suzetă

የእንጀራ እናት ጡጦ

petrecere

ድግስ

carte cu poze

የስዕል መፅሀፍ

minge

ኳስ

păpuşă

አሻንጉሊት

a se juca

መጫወት

groapă de nisip

የአሸዋ መጫወቻ

leagăn

ዥዋዥዌ

jucării

መጫወቻዎች

consolă video

የቪዲዮ መጫወቻ

tricicletă

ባለ ሶስት ጎማ ብስክሌት

ursuleț

የአሻንጉሊት ድብ

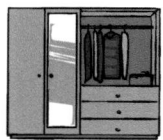

dulap

ቁምሳጥን

îmbrăcăminte
አልባሳት

șosete

ካልሲዎች

ciorapi

ስቶኪንጎች

dres

ታይት

şal
የአንገት ልብስ

umbrelă
ጥንጥላ

curea
ቀበቶ

tricou
ከናቴራ

cizme
ቦቲ

papuci
የቤት ዉስዋ ነጠላ ጫማ

pantofi sport
ስኒከሮች

sandale
ነጠላ ጫማዎች

încălţăminte
ጫማዎች

cizme de cauciuc
የጎማብ ቡትስ

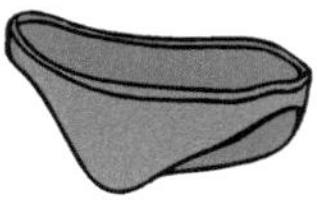

chilot
ሙታንታ

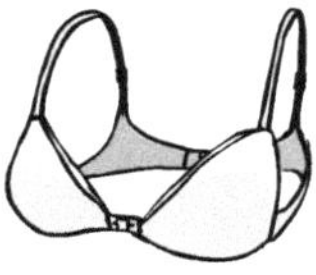

sutien
ጡት መያዣ

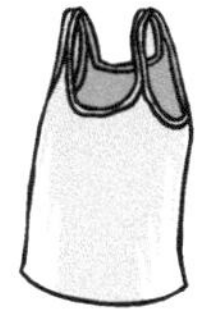

maiou
ስደርያ

body

ሰዉነት

pantaloni

ሱሪዎች

blugi

ጅንስ

fustă

ጉርድ ቀሚስ

bluză

ሸሚዝ

cămașă

ሸሚዝ

pulover

የሚጠለቅ ሹራብ

jerseu

ሹራብ

sacou

ዩኒፎርም ጃኬት

jachetă

ጃኬት

palton

ኮት

pelerină de ploaie

የዝናብ ኮት

costum

ልብስ

rochie

ቀሚስ

rochie de mireasă

የሙሽራ ቀሚስ

costum

ሱፍ

cămașă de noapte

የለሊት ልብስ

pijama

የለሊት ልብስ

sari

ረጅም ቀሚስ

batic

ሂጃብ

turban

ጥምጣም

burka

ቡርቃ

caftan

ሽርጥ

abaya

አባያ

costum de baie

የዋና ልብስ

șort

አጭር ቁምጣ

pantaloni scurți

ቁምጣዎች

trening

የስራ ቱታ

șorț

ሽርጥ

mănuși

ጓንት

nasture

ቁልፍ

ochelari

መነፅር

brățară

አምባር

lanț

የአንገት ሀብል

inel

ቀለበት

cercel

የጆሮ ጌጥ

căciulă

ኮፍያ

umeraș

የኮት መስቀያ

pălărie

ኮፍያ

cravată

ከረቫት

fermoar

ዚፕ

cască

የብረት ቆብ

bretele

መደገፊያ

uniformă școlară

የትምህርት ቤት የደንብ ልብስ

uniformă

የደንብ ልብስ

baveţică

መሃረብ

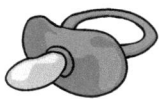

suzetă

የእንጀራ እናት ጡጦ

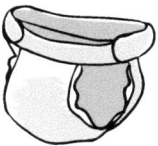

scutec

ሽንት ጨርቅ

birou

ቢሮ

server
ማሰራጫ ጣቢያ
dulap de acte
የፋይል መደርደሪያ ካቢኔ
imprimantă
የህትመት መሳሪያ
hârtie
ወረቀት
monitor
መቆጣጠሪያ
mouse
ማዉዝ
መፃፊያ ጠረጴዛ
fişier
ማህደር
tastatură
የመፃፊ ቁልፎች
coş de gunoi
የቆሻሻ ወረቀት መጣያ ቅርጫት
computer
ኮምፒዉተር
scaun
ወንበር

ceaşcă de cafea

የቡና መጠጫ ትልቅ ኩባያ

calculator

ማስልያ ማሽን

internet

ኢንተርኔት

laptop

ላፕቶፕ

scrisoare

ደብዳቤ

mesaj

መልዕክት

telefon mobil

ተንቀሳቃሽ ስልክ

rețea

የግንኙነት አዉታር

copiator

ማባዣ ማሽን

software

ሶፍትዌር

telefon

ስልክ

priză

የግድግዳ ሶኬት

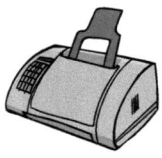

fax

የፋክስ ማሽን

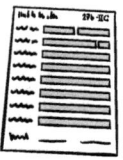

formular

ቅፅ

document

ሰነድ

a cumpăra

መግዛት

a plăti

መክፈል

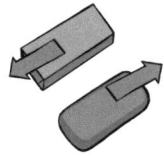

a face comerț

መነገድ

bani

ገንዘብ

Dolar

ዶላር

Euro

ዩሮ

Yen

የን

Rublă

ሩብል

Franc Elvețian

የስዊዝ ፍራንክ

renminbi yuan

ሬንሚንቢ ዩዋን

Rupie

ሩጲ

bancomat

የገንዘብ ነጥብ

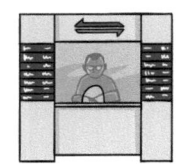

casă de schimb valutar

የዉጭ ገንዘብ ምንዛሪ ቢሮ

aur

ወርቅ

argint

ብር

petrol

ዘይት

energie

ሀይል፣ ጉልበት

preț

ዋጋ

contract

ግንኙነት

impozit

ቀረጥ

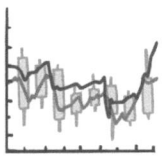

acțiune

አክስዮን

a munci

መስራት

angajat

ተቀጣሪ

angajator

ቀጣሪ

fabrică

ፋብሪካ

magazin

ሱቅ

ocupații

የስራ ሙያዎች

polițist
የፖሊስ አዛዥ
pompier
የእሳት አደጋ ሰራተኛ
bucătar
ምግብ አብሳይ
medic
ዶክተር
pilot
አብራሪ

grădinar

አትክልተኛ

tâmplar

አናጢ

cusătoreasă

ልብስ ሰፊ ሴት

judecător

ዳኛ

chimist

ቀማሚ

actor

ተዋናይ

șofer de autobuz

የአዉቶቢስ ሹፌር

șofer de taxi

የታክሲ ሹፌር

pescar

አሳ አጥማጅ

femeie de serviciu

ፅዳት ሰራተኛ

tinichigiu

የጣራ ሰራተኛ

chelnăr

አስተናጋጅ

vânător

አዳኝ

pictor

ሰዓሊ

brutar

ጋጋሪ

electrician

የኤሌትሪክ ሰራተኛ

muncitor în construcții

ገምቢ

inginer

መሃሃዲስ

măcelar

ልኳንዳ

instalator

የቧንቧ ሰራተኛ

poștaș

የፖስታ ሰራተኛ

soldat

ወታደር

arhitect

መሃንዲስ

casier

የሒሳብ ሰራተኛ

florar

አበባ ሻጭ

frizer

የፀጉር ሰራተኛ

controlor

ቲኬት ቆራጭ

mecanic

መካኒክ

căpitan

ካፒቴን

stomatolog

የጥርስ ሐኪም

om de știință

ተመራማሪ

rabin

መምህር

imam

የሙስሊም ሃይማኖታዊ መሪ

călugăr

መነኩሴ

preot

ካህን

instrumente

መሳሪያዎች

ciocan
መዶሻ
șurubelniță
መፍቻ
cheie
clește
ተቆላፊ ጉጠት
lanternă
ባትሪ

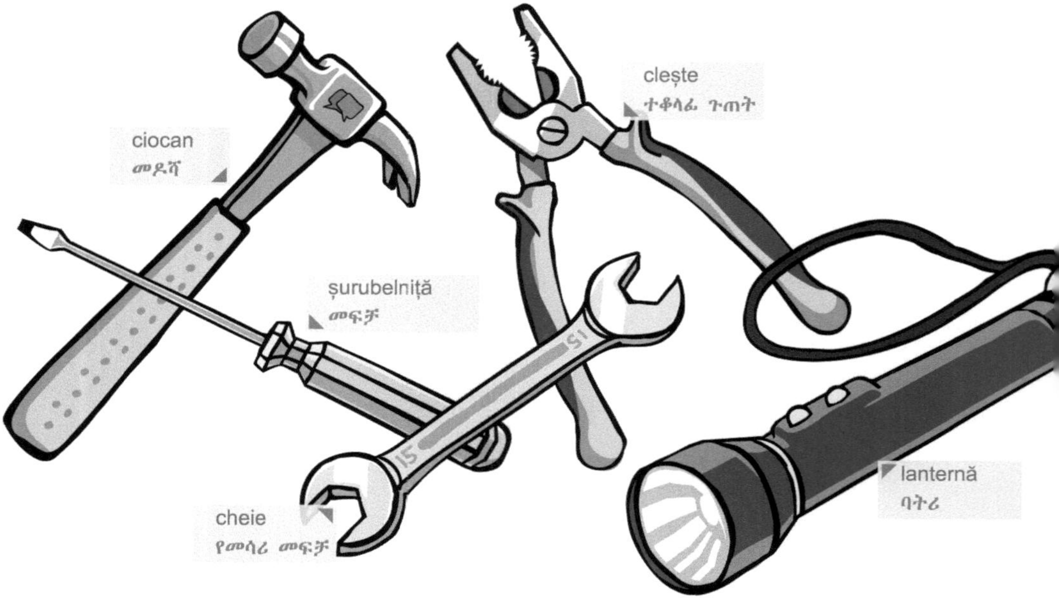

excavator

በቁፋሮ የሚዝቅ

cutie de scule

የመፍቻ ሳጥን

scară

መሰላል

ferăstrău

መጋዝ

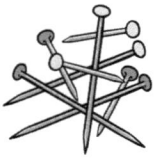

cuie

ምስማር

burghiu

መሰርሰሪያ

a repara

መጠገን

lopată

አካፋ

La naiba!

የተረገመ!

făraș

ቆሻሻ ማፈሻ

vas pentru vopsea

የቀለም ቆርቆሮ

șuruburi

ብሎን

instrumente muzicale

የሙዚቃ መሳሪያዎች

difuzor

የድምፅ ማጉያ መሳርያ

set tobe

የከበሮ መሳሪያዎች

chitară

ክራር መሰል የሙዚቃ መሳሪያ

trompetă

የትንፋሽ ሙዚቃ መሳሪያ

contrabas

ድርብ ቤዝ ጊታር

pian

ፒያኖ

vioară

ቫዮሊን

bas

ወፍራም፤ ጎርናና ድምፅ ያለዉ
ክራር መሰል ሙዚቃ መሳሪያ

trombon

ነጋሪት

tobă

ከበሮ

keyboard

በኤሌክትሪክ የሚሰራ ፒኖ

saxofon

የትንፋሽ ሙዚቃ መሳሪያ

fluier

ዋሽንት

microfon

የድምፅ ማጉያ

grădină zoologică

የደር እንስሳት ማቆያ

intrare
መግቢያ
tigru
ነብር
cușcă
ሳጥን
zebră
የሜዳ አህያ
mâncare pentru animale
የእንስሳ ምግብ
panda
ትልቅ ድብ

animale

እንስሳቶች

elefant

ዝሆን

cangur

ካንጋሮ

rinocer

አዉራሪስ

gorilă

ትልቅ ዝንጀሮ

urs

ድብ

cămilă

ግመል

struț

ሰጎን

leu

አንበሳ

maimuță

ጦጣ

flamingo

ቅልጥመ ረዥም ወፍ

papagal

በቀቀን

urs polar

የወዋልታ ድብ

pinguin

የዋልታ ወፎች

rechin

ረጅም ጥርሶች ያሉትአሳ ነባሪ

păun

ጣዎስ

șarpe

እባብ

crocodil

አዞ

îngrijitor grădina zoologică

የዱር እራዊት የሚጠበቁበት
ማቆያን የሚጠብቅ

focă

አሳ በሊታ የባህር እንስሳ

jaguar

የዱር ድመት

ponei

ድንክ ፈረስ

leopard

ነብር

hipopotam

ጉማሬ

girafă

ቀጭኔ

acvilă

ንስር

porc mistreț

ከርከሮ

pește

አሳ

broască țestoasă

የባህር ኤሊ

morsă

የባህር አውሬ

vulpe

ቀበሮ

gazelă

የሜዳ ፍየል ፤ ሚዳቋ

sport

የስፖርት አይነቶች

fotbal american
የአሜሪካ እግርኳስ
ciclism
የብስክሌት ስፖርት
tenis
ቴኒስ
basketball
የቅርጫት ኳስ
înot
ዋና
box
የቡጢ ስፖርት
hockey pe gheață
የበረዶ ላይ የገና ጨዋታ

fotbal

እግር ኳስ

badminton

የላበ ኳስ ጨዋታ

atletism

አትሌቲክስ

handbal

የእጅ ኳስ ስፖርት

schi

የበረዶ መንሸራተት ስፖርት

polo

ፈረስ ግልቢያ

activități

እንቅስቃሴዎች

a sări
መዝለል
a îmbrățișa
ማቀፍ
a râde
መሳቅ
a merge
መራመድ
a cânta
መዘመር
a visa
ህልም ማለም
a se ruga
መፀለይ
a săruta
መሳም

a scrie

መፃፍ

a desena

መሳል

a arăta

ማሳየት

a împinge

መግፋት

a da

መስጠት

a lua

መዉሰድ

a avea

መያዝ

a face

ማድረግ

a fi

መሆን

a sta în picioare

መቆም

a fugi

መሮጥ

a trage

መሳብ

a arunca

መወርወር

a cădea

መዉደቅ

a sta întins

መዋሸት

a aștepta

መጠበቅ

a purta

መሸከም

a ședea

መቀመጥ

a se îmbrăca

መልበስ

a dormi

መተኛት

a se trezi

መንቃት

a privi

መመልከት

a plânge

ማለልቀስ

a mângâia

መጫር

a se pieptăna

ማበጠር

a vorbi

ማዉራት

a înțelege

መረዳት

a întreba

ጥያቄ

a asculta

ማዳመጥ

a bea

መጠጣት

a mânca

መብላት

a face ordine

ማንፃት

a iubi

ማፍቀር

a găti

ምግብ ማብሰል

a conduce

መንዳት

a zbura

መብረር

a naviga

መርከብ መንዳት

a calcula

ቁጥሮችን ማስላት

a citi

ማንበብ

a învăța

መማር

a munci

መስራት

a se căsători

ማግባት

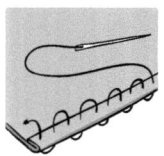

a coase

መስፋት

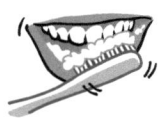

a se spăla pe dinți

ጥርስ መቦረሽ

a ucide

መግደል

a fuma

ማጨስ

a trimite

መላክ

bunică
የሴት አያት

bunic
የወንድ አያት

tată
አባት

mamă
እናት

bebeluș
ህፃን

soră
ሴት ልጅ

fiu
ወንድ ልጅ

oaspete

እንግዳ

mătușă

አክስት

unchi

አጎት

frate

ወንድም

soră

እህት

corp

ካል

frunte
ግንባር
ochi
አይን
umăr
ትከሻ
deget
ጣት
față
ፊት
bărbie
አገጭ
mână
እጅ
picior
እግር
piept
ጡት
braț
ክንድ

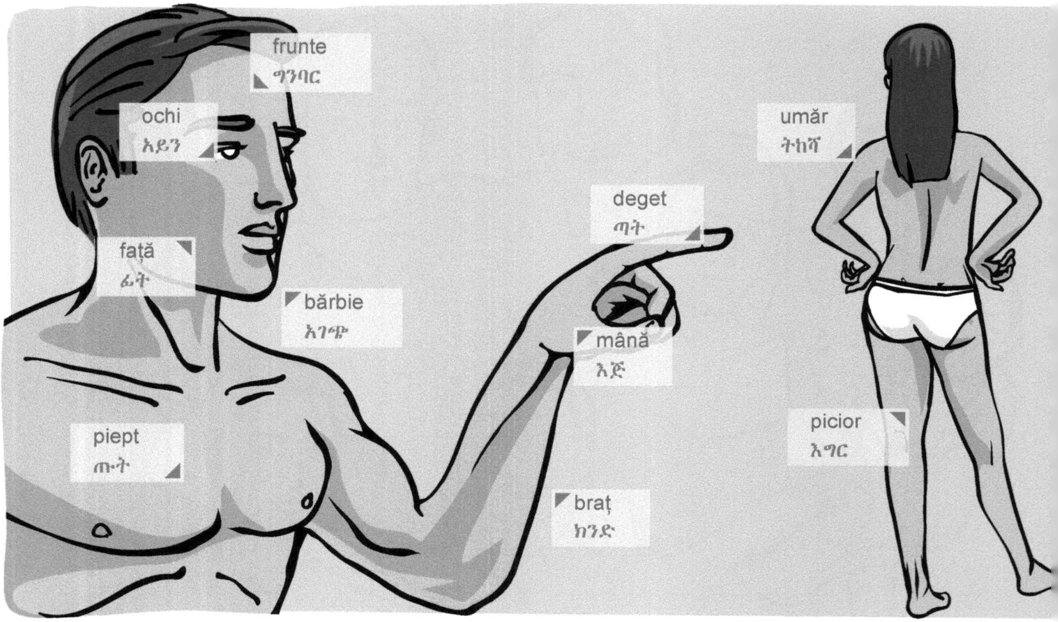

bebeluș

ህፃን

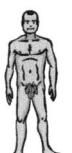

bărbat

ሰዉ

femeie

ሴት

fată

ልጃገረድ

băiat

ወንድ ልጅ

cap

ራስ

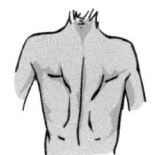

spate

ጀርባ

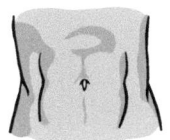

abdomen

ሆድ

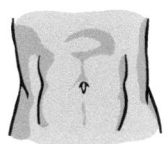

ombilic

እምብርት

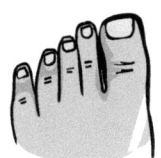

deget de la picior

የእግር ጣት

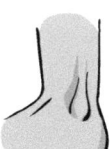

călcâi

ተረከዝ

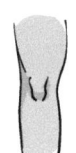

os

አጥንት

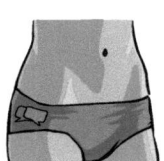

șold

ዳሌ

genunchi

ጉልበት

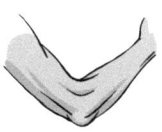

cot

ክርን

nas

አፍንጫ

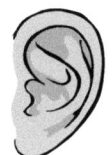

fund

ቂጥ

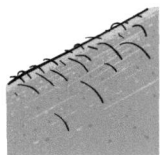

piele

ቆዳ

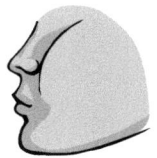

obraz

ጉንጭ

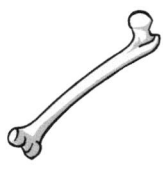

ureche

ጆሮ

buză

ከንፈር

gură

አፍ

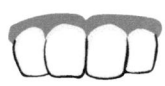

dinte

ጥርስ

limbă

ምላስ

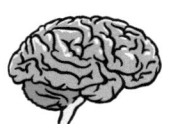

creier

አንጎል

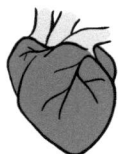

inimă

ልብ

mușchi

ጡንቻ

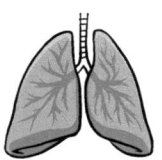

plămân

ሳምባ

ficat

ጉበት

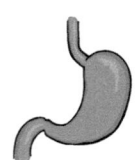

stomac

ሆድ

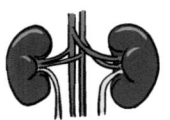

rinichi

ኩላሊቶች

sex

የግብረስጋ ግንኙነት

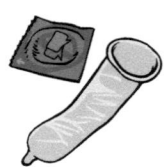

prezervativ

ኮንዶም

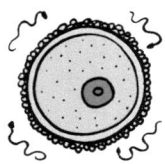

ovul

የሴት እንቁላል

spermă

የዘር ፈሳሽ

sarcină

እርግዝና

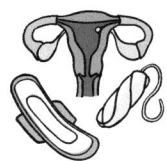

menstruație

የወር አበባ

vagin

እምስ

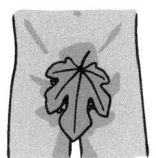

penis

ቁላ

sprânceană

ቅንድብ

păr

ፀጉር

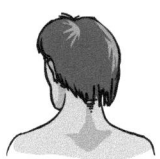

gât

አንገት

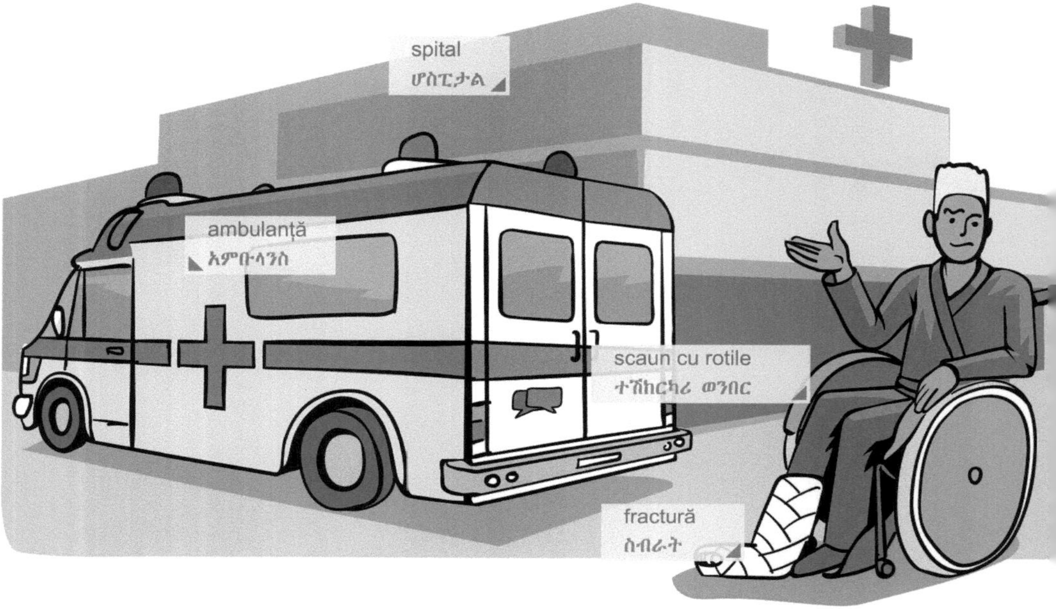

spital

ሆስፒታል

spital
ሆስፒታል

ambulanță
አምቡላንስ

scaun cu rotile
ተሽከርካሪ ወንበር

fractură
ስብራት

medic

ዶክተር

unitate de primiri urgențe

ድንገተኛ ክፍል

soră medicală

ነርስ

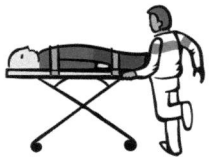

urgență

ድንገተኛ

inconștient

ራስን መሳት/ አለማወቅ

durere

ህመም

leziune

ጉዳት

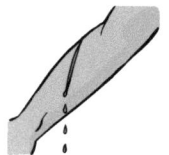

sângerare

መድማት

infarct miocardic

የልብ ድካም

atac cerebral

ስትሮክ

alergie

አለርጂ

tuse

ሳል

febră

ትኩሳት

gripă

ኢንፍሎዌንዛ

diaree

ተቅማጥ

durere de cap

የራስ ምታት

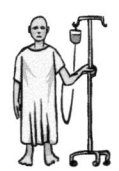

cancer

ካንሰር

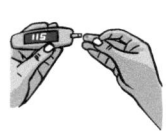

diabet

የስኳር በሽታ

chirurg

ቀዶ ጠጋኝ ሐኪም

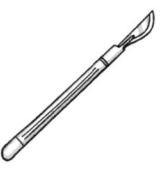

scalpel

የቀዶ ጥገና ስለት

operație

ቀዶ ጥገና

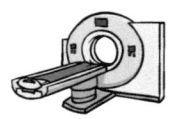

CT

ሲቲ

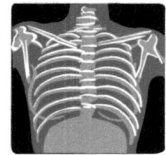

raze Röntgen

ኤክስሬዮ

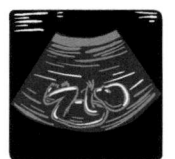

ultrasunet

አልትራሳዉንድ

mască

የፊት ጭምብል

boală

በሽታ

sală de așteptare

መጠበቂያ ክፍል

cârjă

ምርኩዝ

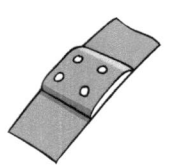

plasture

የቁስል ማሸጊያ

bandaj

ፋሻ

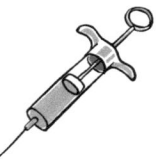

injecție

መርፌ

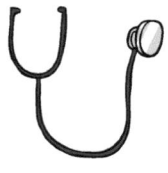

stetoscop

የልብ ምት ማዳመጫ መሳሪያ

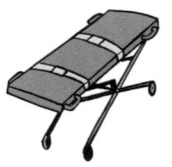

targă

የበሽተኛ አልጋ

termometru

የህክምና ሙቀት መለኪያ መሳሪያ

naștere

መውለድ

supraponderabilitate

ከልክ ያለፈ ክብደት

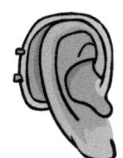

aparat auditiv

ለመስማት የሚረዳ መሳሪያ

dezinfectant

ፀረ ተባይ መድሀኒት

infecție

ማመ ቀዝ

virus

ቫይረስ

HIV/SIDA

ኤች አይቪ ኤድስ

medicină

ህክምና

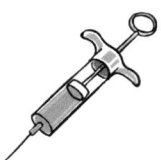

vaccin

ክትባት

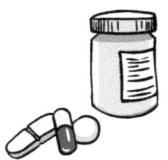

tablete

ኪኒን

pastilă

ኪኒን

apel de urgență

አስቸኳይ የስልክ ጥሪ

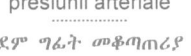

aparat de măsurare a
presiunii arteriale

ደም ግፊት መቆጣጠሪያ

bolnav/sănătos

ህመም/ ጤንነት

urgență

ድንገተኛ

Ajutor!

እርዳታ!

alarmă

ማንቂያ ደወል

agresiune

ጥቃት

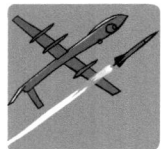

atac

ድብደባ

pericol

አደጋ

ieșire de urgență

የድንገተኛ መዉጫ

Foc!

እሳት!

extinctor

እሳት ማጥፊያ

accident

አደጋ

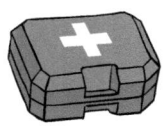

trusă de prim-ajutor

የመጀመሪያ እርዳታ መድሃኒት መያዣ

SOS

ነፍስ አድን

poliție

ፖሊስ

Europa

አዉሮፓ

America de Nord

ሰሜን አሜሪካ

America de Sud

ደቡብ አሜሪካ

Africa

አፍሪካ

Asia

እስያ

Australia

አዉስትራሊያ

Altantic

አትላንቲክ

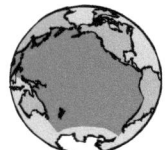

Pacific

ፓስፊክ

Oceanul Indian

የህንድ ዉቅያኖስ

Oceanul Antarctic

አንታርክቲክ ዉቅያኖስ

Oceanul Arctic

አርክቲክ ዉቅያኖስ

Polul Nord

ሰሜን ዋልታ

Polul Sud

ደቡብ ዋልታ

Antarctica

አንታርክቲካ

pământ

ምድር

țară

መሬት

mare

ባህር

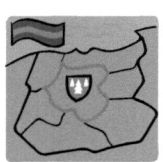

insulă

ደሴት

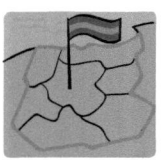

națiune

አገርና ህዝብ

stat

መንግስት

ceas

ሰዓት

cadran

የሰዓት ገፅታ

orar

ሰዓት

minutar

ደቂቃ

secundar

ሴኮንድ

Cât e ceasul?

ስንት ሰዓት ነው?

zi

ቀን

timp

ጊዜ

acum

አሁን

cead digital

የቁጥር ሰዐት

minut

ደቂቃ

oră

ሰዓታት

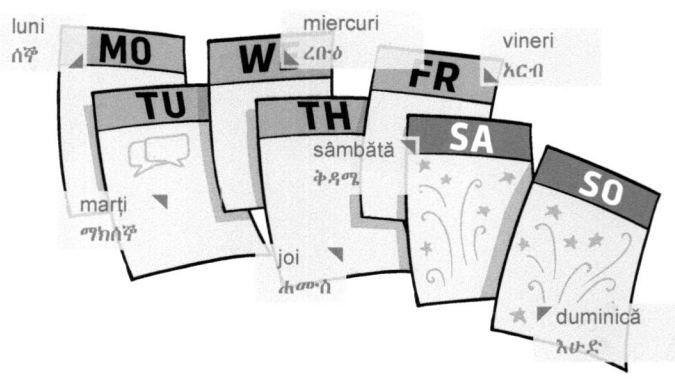

săptămână

ሳምንት

MO
TU
W
TH
FR
SA
SO
luni
ሰኞ
marți
ማክሰኞ
miercuri
ረቡዕ
joi
ሐሙስ
vineri
አርብ
sâmbătă
ቅዳሜ
duminică
እሁድ

ieri

ትላንት

azi

ዛሬ

mâine

ነገ

dimineață

ማለዳ

amiază

ቀትር

seară

ምሽት

zile lucrătoare

የስራ ቀናት

week-end

የዕረፍት ቀናት

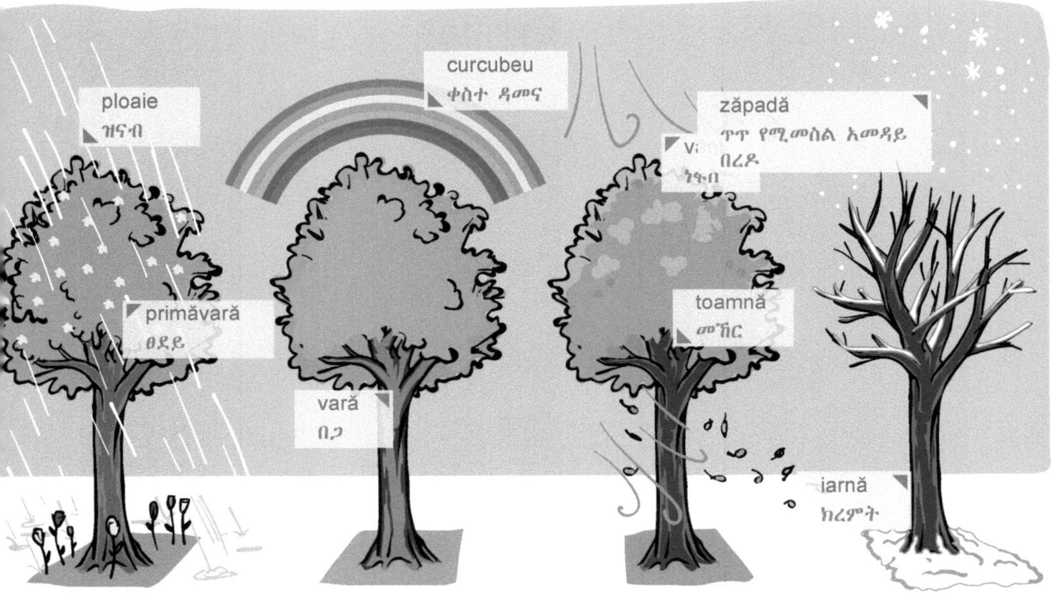

curcubeu
ቀስተ ዳመና

ploaie
ዝናብ

zăpadă
ጥጥ የሚመስል አመዳይ

v...
በረዶ
ነፋስ

primăvară
ፀደይ

toamnă
መኸር

vară
በጋ

iarnă
ክረምት

4.APRIL	11°	☀
5.APRIL	4°	
6.APRIL	13°	
7.APRIL	8°	☀
8.APRIL	10°	☀

prognoză meteo

የአየር ሁኔታ ትንበያ

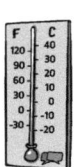

termometru

የሙቀት መለኪያ

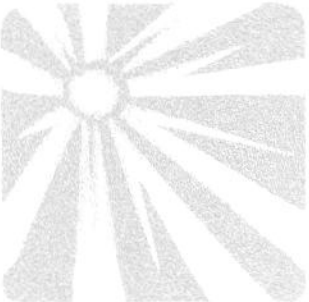

lumina soarelui

የፀሀይ ሙቀት

nor

ደመና

ceață

ጭጋግ

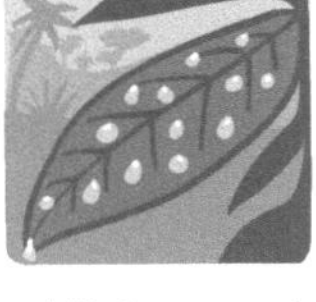

umiditate a aerului

እርጥበታማነት

fulger

መብረቅ

tunet

ነጎድጓድ

furtună

አዉሎ ንፋስ

grindină

የበረዶ ዝናብ

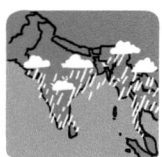

muson

አዉሎ ንፋስ

inundație

ጎርፍ

gheață

በረዶ

ianuarie

ጥር

februarie

የካቲት

martie

መጋቢት

aprilie

ሚያዚያ

mai

ግንቦት

iunie

ሰኔ

iulie

ሐምሌ

august

ነሀሴ

septembrie

መስከረም

octombrie

ጥቅምት

noiembrie

ህዳር

decembrie

ታህሳስ

forme
ቅርፆች

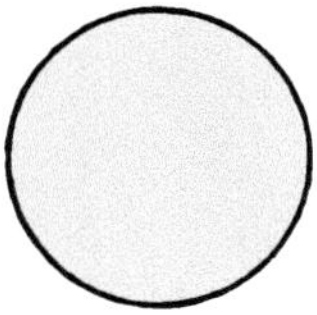

cerc

ክብ

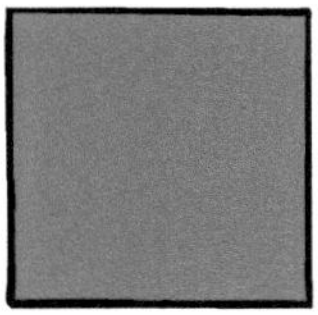

pătrat

አራት ማዕዘን

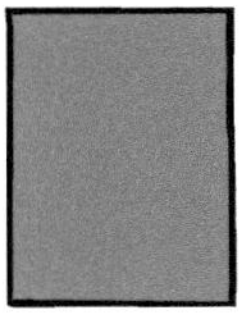

dreptunghi

አራት ቀጥተኛ ማዕዘኖች ጎኖች ያሉት ቅርፅ

triunghi

ሶስት ማዕዘን

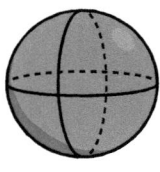

sferă

ሉል

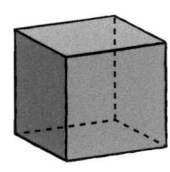

cub

ስድስት ጎን ያለዉ ቅርፅ

culori

ቀለማት

alb

ነጭ

galben

ቢጫ

portocaliu

ብርቱካናማ

roz

ሮዝ

roșu

ቀይ

violet

ወይን ጠጅ

albastru

ሰማያዊ

verde

አረንጓዴ

maro

ቡኒ

gri

ግራጫ

negru

ጥቁር

mult/puțin

ብዙ/ ጥቂት

furios/calm

ንዴት/ እርጋታ

frumos/urât

ቆንጆ/ አስቀያሚ

început/sfârșit

ጅማሬ/ ፍፃሜ

mare/mic

ትልቅ/ ትንሽ

luminos/întunecat

ደማቅ/ ደብዛዛ

frate/soră

ወንድም/ እህት

curat/murdar

ንፁህ/ ቆሻሻ

complet/incomplet

የተሟላ/ ያልተሟላ

zi/noapte

ቀን/ ምሽት

mort/viu

የሞተ/ ህያዉ

lat/strâmt

ሰፊ/ ጠባብ

comestibil/necomestibil

የሚበላ/ የማይበላ

rău/prietenos

ክፉ/ ደግ

emoționat/plictisit

ደስተኛ/ ድብርተኛ

gras/slab

ወፍራም/ ቀጭን

primul/ultimul

መጀመርያ/ መጨረሻ

prieten/inamic

ጓደኛ/ ጠላት

plin/gol

ሙሉ/ ጎዶሎ

tare/moale

ጠንካራ/ ለስላሳ

greu/ușor

ከባድ/ ቀላል

foame/sete

ረሃብ/ ጥማት

bolnav/sănătos

ህመም/ ጤንነት

ilegal/legal

ህገወጥ/ ህጋዊ

inteligent/stupid

ጎበዝ/ ደደብ

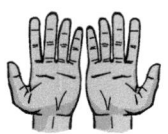

stânga/drepta

ግራ/ ቀኝ

aproape/departe

ቅርብ/ ሩቅ

antonime - ተቃራኒዎች

nou/uzat

አዲስ/ አሮጌ

nimic/ceva

ምንም/ የሆነ ነገር

bătrân/tânăr

ሽማግሌ/ ወጣት

pornit/oprit

የበራ/ የጠፋ

deschis/închis

ክፍት/ ዝግ

încet/tare

ፀጥታ/ ጫጫታ

bogat/sărac

ሃብታም/ ደሃ

corect/fals

ትክክለኛ/ የተሳሳተ

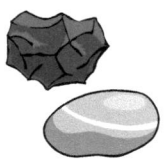

aspru/neted

ሻካራ/ ለስላሳ

trist/fericit

ሐዘን/ ደስታ

lung/scurt

አጭር/ ረዥም

încet/repede

ዝግተኛ/ ፈጣን

ud/uscat

እርጥብ/ ደረቅ

cald/rece

ሞቃት/ ቀዝቃዛ

război/pace

ጦርነት/ ሰላም

antonime - ተቃራኒዎች

cifre
ቁጥሮች

0	1	2
zero	unu	doi
ዜሮ	አንድ	ሁለት
3	4	5
trei	patru	cinci
ሶስት	አራት	አምስት
6	7	8
șase	șapte	opt
ስድስት	ሰባት	ስምንት
9	10	11
nouă	zece	unsprezece
ዘጠኝ	አስር	አስራ አንድ

12

douăsprezece

አስራ ሁለት

13

treisprezece

አስራ ሶስት

14

paisprezece

አስራ አራት

15

cincisprezece

አስራ አምስት

16

șaisprezece

አስራ ስድስት

17

șaptesprezece

አስራ ሰባት

18

optsprezece

አስራ ስስምንት

19

nouăsprezece

አስራ ዘጠኝ

20

douăzeci

ሃያ

100

o sută

መቶ

1.000

o mie

ሺህ

1.000.000

un milion

ሚሊዮን

limbi

ቋንቋዎች

engleză

እንግሊዝኛ

engleză americană

የአሜሪካ እንግሊዝኛ

chineza mandarină

የቻይና ማንዳሪን

hindi

ሂንዱ

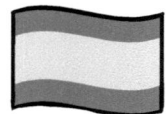

spaniolă

ስፓኒሽ

franceză

ፍሬንች

arabă

አረብኛ

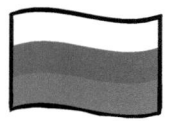

rusă

ራሺያኛ

protugheză

ፖርቹጊዝ

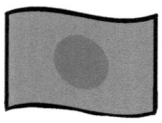

bengaleză

ቤንጋሊ

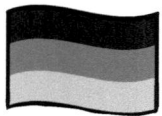

germană

ጀርመን

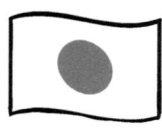

japoneză

ጃፓንኛ

cine/ce/cum

ማን/ ምን/ እንዴት

eu

እኔ

tu

አንተ

el/ea

እሱ/ እርሷ/ እቃዉ

noi

እኛ

voi

አንተ

ea

እነርሱ

cine?

ማን?

ce?

ምን?

cum?

እንዴት?

unde?

የት?

când?

መቼ?

nume

ስም

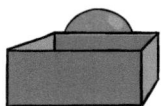

unde

የት

în spate

በስተጀርባ

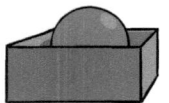

în

ዉስጥ

înainte

ከፊት ለፊት

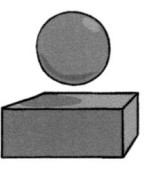

peste

ከላይ

pe

ላይ

sub

ከስር

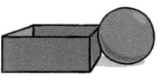

lângă

አጠገብ

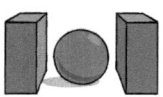

între

መሃከል

loc

ቦታ